Lb 509.⁴⁴

EXPOSÉ

DE LA

SITUATION

DE L'EMPIRE FRANÇAIS,

PRÉSENTÉ

Par S. Exc. LE MINISTRE DE L'INTÉRIEUR

AU CORPS LÉGISLATIF,

Le 12 Décembre 1809.

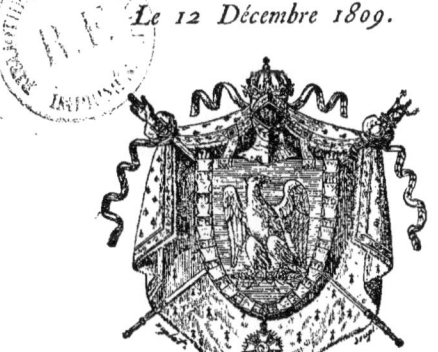

A PARIS,
DE L'IMPRIMERIE IMPÉRIALE.

Décembre 1809.

EXTRAIT DES MINUTES

DE LA SECRÉTAIRERIE D'ÉTAT.

Au Palais des Tuileries, le 9 Décembre 1809.

NAPOLÉON, EMPEREUR DES FRANÇAIS, ROI D'ITALIE, et PROTECTEUR DE LA CONFÉDÉRATION DU RHIN,

Nous avons nommé et nommons pour présenter au Corps législatif l'Exposé de la situation de l'Empire, demain mardi, 12 du présent mois, à une heure après midi,

Le Comte MONTALIVET, notre Ministre de l'intérieur,

Et les Comtes DEFERMON, REGNAUD et LACUÉE, membres de notre Conseil d'état.

Signé NAPOLÉON.

Par l'Empereur :

Le Ministre Secrétaire d'état, signé HUGUES-B. DUC DE BASSANO.

EXPOSÉ

DE LA

SITUATION

DE L'EMPIRE FRANÇAIS.

Paris, le 12 Décembre 1809.

MESSIEURS,

CHAQUE fois que la situation de l'Empire a été mise sous vos yeux, la Nation française avait compté de nouveaux triomphes.

D'éclatantes victoires, de généreuses paix, les résultats des plus profondes combinaisons politiques, de grands travaux entrepris, l'ordre intérieur maintenu ; tel est le tableau qu'ont eu à tracer tous mes prédécesseurs ; c'est encore ce qui forme l'histoire de l'année qui vient de s'écouler.

Le retour de cette énumération de prospérités acquiert chaque jour un caractère plus glorieux : les faits mémorables d'une année peuvent appartenir à la fortune, à ce qu'on nomme le hasard, à une volonté dont rien ne fait connaître encore la force ou la constance, la faiblesse ou la versatilité ; mais ceux qui se renouvellent toujours les mêmes, sont nécessairement l'œuvre d'un génie et d'un bras également puissans. Les premiers peuvent passagèrement appartenir à tous les temps ; les autres fixent ces ères qui divisent le cours des siècles, et qui subordonnent une longue suite d'années à chaque époque qui changea la face du monde.

Dans le cours de votre dernière session, vous avez concouru à donner un nouveau code criminel à la France, en adoptant les projets préparés au Conseil d'état, et sous les yeux mêmes de Sa Majesté, source nécessaire de toutes les lois ; et alors même, l'Empereur, comme il vous l'avait annoncé, replaçait sur le trône de Madrid son auguste frère ; il forçait les Anglais à se précipiter vers leurs vaisseaux, et ne cessait de les poursuivre que pour se rapprocher du centre de ses États, pour être plus à portée d'étudier et d'arrêter les projets de l'Autriche.

TRAVAUX PUBLICS.

Le séjour que Sa Majesté fit alors à Paris, a été marqué par le soin qu'elle a pris de régler toutes les parties de la vaste administration de son Empire. Ses ordres ont donné une activité nouvelle aux immenses travaux qu'aucune époque de paix n'a vus entrepris en si grand nombre, ni suivis avec tant d'ardeur. Des prisonniers de guerre de diverses nations, envoyés par la victoire, ont achevé le canal de Saint-Quentin. Deux lieues d'un souterrain imposant ouvrent la communication entre les fleuves et les mers du nord de l'Empire, les fleuves et les mers du centre et du midi.

Sept mille ouvriers n'ont cessé de travailler au canal du Nord, et près de huit lieues de cette voie nouvelle, ouverte au Rhin et à la Meuse pour faire arriver leurs eaux réunies à Anvers sans quitter un instant le sol de la France actuelle, sont exécutées. Ce canal, si important pour le commerce, ne sera pas un moindre bienfait pour l'agriculture. Des landes égales en superficie à plusieurs départemens, seront peuplées et fertilisées : conquête paisible de l'industrie, elles augmenteront bientôt et nos richesses et notre prospérité.

Deux millions ont été dépensés utilement, en 1809, au canal Napoléon, qui unira le Rhône au Rhin; Marseille, Cologne et Anvers paraîtront baignées par les mêmes eaux.

Ce canal sera mis en communication avec la Seine par celui de Bourgogne, dont les travaux, abandonnés par l'ancien Gouvernement, viennent de recevoir la plus grande impulsion : déjà la navigation a lieu de Dôle à Dijon ; on travaille aujourd'hui entre Dijon et le pont de Pany, entre l'Yonne et Saint-Florentin.

Plusieurs écluses importantes sur la Seine, sur l'Aube, sur la Somme, ont été achevées en 1809 ; par-tout les projets qui tendent à améliorer les navigations anciennes, à les prolonger, à en créer de nouvelles, ont été entrepris ou suivis avec activité.

Les travaux maritimes ont fait de grands progrès; ceux de Cherbourg offrent déjà à l'œil étonné un immense port creusé dans le roc. Sa profondeur a été portée cette année à trente-huit pieds au-dessous du niveau des hautes mers. Il est garanti de leur invasion par un batardeau dont l'exécution a été aussi parfaite que l'idée en a été hardie : des revêtemens de granit donnent au port et à ses quais extérieurs le caractère le plus imposant de grandeur et de durée; les fouilles descendront encore de seize pieds; de sorte qu'il restera dans le port de Cherbourg vingt-six pieds de hauteur d'eau lors des plus basses mers.

L'écluse de chasse du Havre est à-peu-près terminée; elle assurera, dès le milieu de la campagne prochaine, l'entrée constante des vaisseaux dans le chenal.

A Dunkerque, une écluse octogone qui doit dessécher des terrains précieux et assurer une navigation facile, a été achevée cette année.

Le bassin d'Anvers est creusé dans toute sa partie antérieure, et l'écluse à la mer s'élève au-dessus de ses fondations.

Le port de Cette a été approfondi; il a donné asile à des vaisseaux de haut bord.

Le port de Marseille offre un mouillage plus facile qu'il n'a jamais été.

Les routes du Mont-Cenis, du Simplon, celles qui traversent dans tous les sens les Alpes, les Apennins, les Pyrénées, ont reçu un nouveau degré d'avancement ou de perfection. Des chemins aussi beaux que faciles conduisent d'Alexandrie à Savone, des bords du Tanaro et du Pô aux rivages les plus prochains de la Méditerranée.

Les grands desséchemens de Bourgoin, ceux du Cotentin, de Rochefort, ont déjà changé en terres fertiles de stériles marais, et leurs résultats font bénir le Gouvernement par les peuples, étonnés de n'avoir éprouvé aucun des maux, même passagers, qu'on leur faisait redouter.

TRAVAUX DE PARIS.

Paris devient chaque jour plus digne, par ses monumens, d'être la métropole d'un de ces empires autour desquels se
groupe,

groupe, dans l'histoire des temps, tout ce qui fut contemporain.

A ses abords, les ponts de Bezons, de Choisy, de Sèves, viennent d'être commencés ; celui de Charenton a été rétabli ; celui de Saint-Cloud se restaure. Dans son intérieur, le beau pont d'Iéna a été conduit jusqu'à la naissance des arches ; celui de Saint-Michel a été débarrassé des maisons qui l'obstruaient ; les quais Napoléon et du Louvre ont été terminés ; celui d'Iéna dépasse l'esplanade des Invalides ; le port de la Râpée s'exécute sur de grands et de beaux alignemens.

Des greniers d'abondance sont fondés.

Toutes les dispositions pour la construction d'un immense abattoir sont faites près la barrière de Rochechouart ; les terres sont nivelées, les fondations creusées.

Un établissement provisoire, mais convenable, a reçu la Bourse, jusqu'au moment où sera achevé le magnifique édifice qui lui est destiné, et qui déjà s'élève au-dessus du sol.

Le temple de la Gloire occupe un grand nombre d'ouvriers ; il sera digne de sa noble destination.

Quatre massifs revêtus d'une pierre égale, pour la dureté et pour le grain, au plus beau marbre, attendent à la barrière de Neuilly de dernières assises qui recevront les voûtes de l'arc de triomphe de l'Étoile.

La colonne d'Austerlitz est revêtue, jusqu'à la moitié de sa hauteur, de bronzes qui éterniseront les faits d'armes de nos guerriers.

L'arc du Carrousel, terminé, réunit le goût et la magnificence.

La façade du monument où vous siégez s'achève. Le Louvre développe de nouvelles beautés, dans la marche rapide de sa restauration : la galerie qui doit compléter sa réunion avec les

B

Tuileries, étonne par ses progrès les habitans même de cette cité.

Déjà elle jouit d'une partie des eaux que doit lui amener le canal de l'Ourcq ; le bassin de la Villette, la fontaine des Innocens, offrent à la capitale des créations aussi belles qu'elles sont utiles.

Dans cette longue nomenclature, je n'ai pu indiquer que la moindre partie des travaux achevés ou continués cette année ; mais chacun de vous est témoin de leur développement, puisqu'il n'est pas une partie de la France sur laquelle ils ne s'étendent.

Parmi ces grandes constructions, il en est de plus particulièrement consacrées à l'ordre public et à la bienfaisance.

ÉTABLISSEMENS DE BIENFAISANCE.

L'Empereur a ordonné jusqu'à présent la création de quarante-deux dépôts de mendicité : il a assuré les fonds nécessaires à leur entretien. Ainsi se guérira peu-à-peu une des plus hideuses plaies des États policés; ainsi les mœurs publiques et l'industrie profiteront d'un travail qui arrachera au malheur et à la dépravation tant d'êtres condamnés, en apparence, à ne pouvoir s'y soustraire. Plusieurs de ces établissemens ont été mis en activité.

Sa Majesté a versé d'immenses bienfaits sur ceux de ses sujets qu'avaient atteints de grandes calamités. Les bords du Rhin avaient été ravagés par les inondations; les habitans ont reçu près d'un million, soit pour indemnités, soit pour être employés en réparations et en travaux de garantie. Les pays qui ont souffert de la grêle, ceux qui ont éprouvé des incendies, ont obtenu des secours. Un soin touchant et paternel a destiné à un grand nombre de cités des approvisionnemens de quina, qu'elles ont exactement reçus.

Des dépôts de vaccin viennent d'être établis; ils assurent aux familles les moyens certains de ne jamais manquer de ce préservatif inappréciable, que d'utiles et véritables amis de l'humanité ont fait connaître dans toutes les classes de notre nombreuse population.

Parmi ceux des besoins des Français qui ont fixé l'attention du Souverain, la culture des qualités morales, celle de l'esprit, celle des arts d'imagination, ont continué d'obtenir un des premiers rangs.

INSTRUCTION PUBLIQUE.

L'université impériale est entrée en fonctions; elle a recueilli des renseignemens sur toutes les maisons d'éducation de l'Empire. Les académies se forment, les facultés s'établissent; les lycées continuent de fournir de nombreux sujets à l'école polytechnique et à celle de Saint-Cyr. La première est toujours une pépinière de sujets distingués par leurs lumières et par leur conduite; à Saint-Cyr, se renouvelle incessamment cette jeunesse aussi forte, aussi bien exercée que courageuse et dévouée, qui se montre, en arrivant sous les drapeaux, digne de marcher avec les anciens braves.

SCIENCES, LETTRES ET ARTS.

Tous les genres d'encouragement sont donnés aux sciences, aux lettres et aux arts; les honneurs, les récompenses, d'utiles travaux confiés aux artistes qui se distinguent, rien n'est négligé. Mais la première de ces époques mémorables faites pour exalter les plus nobles ambitions, est arrivée : les prix décennaux vont être donnés par la main même de celui qui est la source de toute vraie gloire; ils seraient distribués aujourd'hui, si le jury eût pu remettre plutôt son travail. Sa Majesté a voulu qu'aucune sorte de mérite, ou littéraire, ou tenant aux sciences et aux arts, ne restât sans récompense. Le décret du 24 fructidor an 12 n'a été regardé par l'Empereur que comme l'expression d'une pensée générale. Cette pensée vient de recevoir tous ses développemens par un dernier décret qui augmente le nombre des prix. De nouveaux examens, de nouveaux jugemens sont devenus nécessaires. L'Empereur veut être sûr qu'ils seront l'expression de l'opinion publique éclairée; et, pour acquérir cette certitude, il a ordonné que les ouvrages honorés par ces jugemens, seraient livrés à une discussion solennelle; distinction bien flatteuse pour les auteurs dont les travaux seront jugés dignes d'une telle illustration.

Le muséum d'histoire naturelle a été agrandi; celui des arts a reçu de nouvelles richesses par l'acquisition des chefs-d'œuvre de la galerie Borghèse.

AGRICULTURE.

Les arts, plus intimement liés à la prospérité des peuples, ont dû commander une attention plus particulière encore; l'agriculture est le premier de tous. La propagation des moutons à laine améliorée a fait de nouveaux progrès, dus, en grande partie, aux importations des troupeaux espagnols et allemands.

Vingt mille jumens de choix ont été présentées aux douze cents étalons qui sont déjà réunis dans nos haras et dans nos dépôts. Des primes ont été distribuées aux propriétaires des plus beaux élèves.

La culture du coton dans nos provinces méridionales n'a encore donné que des espérances : elles n'ont pas été détruites par les deux saisons extraordinaires de 1808 et 1809; et c'est avoir beaucoup obtenu.

Des essais ont été faits pour naturaliser l'indigo.

Mais ce ne sont pas là les principaux, les plus essentiels de nos produits agricoles. D'autres peuples manquent des objets de première nécessité et se les procurent en échange des produits de leur industrie : la France est trop riche ; elle recueille en grains et en vins bien au-delà de sa consommation : en vins de première qualité, c'était une chose depuis long-temps reconnue ; mais on avait, presque toujours, regardé notre dépendance de l'étranger, pour les grains, comme un fait constaté. Combien doit donc nous être précieuse l'expérience que nous faisons aujourd'hui !

Quelques contrées souffrent, il est vrai, de l'impossibilité de vendre leurs blés ; c'est un malheur momentané : mais quelle source de sécurité pour l'avenir ! Les disettes ne tenaient le plus souvent qu'à l'opinion ; il ne fallait que l'éclairer ; et la France, sûre désormais qu'elle produit en grains au-delà de ce qu'elle peut consommer, ne peut plus craindre le besoin.

L'Empereur a néanmoins fixé toute sa sollicitude sur les circonstances actuelles ; la sortie des grains est permise par un grand nombre de points de nos frontières de terre et de mer, pourvu toutefois que les prix n'excèdent pas, dans les marchés voisins, des quotités déterminées. Les propriétaires des vins de Bordeaux reçoivent des prêts ; des autorisations spéciales facilitent les expéditions maritimes.

MANUFACTURES ET INDUSTRIE.

L'industrie augmente, par la main-d'œuvre, la valeur des matières premières, et souvent dans des proportions qu'on peut dire infinies. Elle a constamment occupé la pensée du Gouvernement : mais ici l'action de l'autorité ne saurait être directe ; donner des encouragemens, étudier des modifications dans les tarifs des douanes, soit nationales, soit étrangères, voilà ce qu'il peut, voilà ce qu'il a fait. Il a veillé d'ailleurs avec un redoublement de soins sur l'école des arts et métiers de Châlons, dont les bons effets continuent d'être sensibles.

M. Richard, MM. Ternaux, M. Oberkampf, M. de Neuflize, et tant d'autres, ont conservé à leurs établissemens précieux un degré d'activité, une organisation, des moyens de perfectionnement qui les rendent dignes d'être cités : ils honorent la nation et contribuent à sa prospérité.

MINES.

Les mines recèlent des richesses qui resteraient enfouies sans l'industrie. Une législation des mines, positive et claire, sera complétée dans le cours de votre session : des moyens d'en recueillir les fruits les plus prochains sont préparés. La France possède un grand nombre de houillères précieuses, qui nous garantissent de toute crainte de manquer jamais de combustibles.

Des mines de cuivre, de plomb, d'argent, s'exploitent ; d'autres sont l'objet de recherches et d'expériences.

COMMERCE.

Le commerce s'applique, en général, à tirer le parti le plus avantageux possible des produits de l'agriculture et de l'industrie ; le nôtre souffre, sans doute, de l'état extraordinaire qui, faisant comme deux masses, l'une du continent européen, l'autre des mers et des pays dont elles nous séparent, les laisse sans nulle communication permise. Néanmoins la consommation intérieure, à laquelle participent un bien plus grand nombre d'individus, depuis que l'aisance est connue des classes du peuple qui l'ignoraient jadis, et nos relations avec nos voisins, entretiennent une grande activité dans les échanges. Nos rapports avec les États-Unis d'Amérique sont suspendus ; mais formés par des besoins mutuels, ils reprendront bientôt leur cours. Lyon voit renaître la prospérité de sa fabrique, qui reçoit les commandes de l'Allemagne, de la Russie et de l'intérieur. Naples nous fournit des cotons que son sol donne chaque jour avec plus d'abondance, et qui diminuent la quantité des importations lointaines.

FINANCES.

La liaison du commerce avec le crédit public amenera naturellement votre attention sur un phénomène qui nous frappe moins aujourd'hui, parce que chaque année le reproduit; l'exactitude de tous les paiemens, sans contributions nouvelles, sans emprunts, sans anticipations, et au milieu d'une guerre pour laquelle, en tout autre temps, les efforts les plus extraordinaires auraient paru au-dessous de ce qu'exigeaient de telles entreprises : effet admirable de la simplicité des ressorts et des mouvemens d'un ordre rigoureux et de l'exactitude des calculs, dans le détail desquels SA MAJESTÉ ne dédaigne pas d'entrer elle-même !

Le cadastre se poursuit; l'on en recueille les fruits dans la sous-répartition d'un grand nombre de cantons et de communes; on ne tardera pas à lui devoir l'amélioration générale du système de l'impôt foncier, et la juste proportion de la contribution avec les produits.

ADMINISTRATION INTÉRIEURE ET JUSTICE.

L'administration intérieure a suivi, en 1809, la même marche que dans les années précédentes ; l'ordre et la tranquillité ont été maintenus : la justice a été promptement et équitablement rendue; le nom de l'EMPEREUR a été béni au sein des familles, heureuses de la paix intérieure.

Les départemens de la Toscane ont reçu le bienfait de l'organisation générale.

CULTES.

Dans son respect pour les consciences, le Gouvernement n'a pas dévié de la ligne qu'il s'était tracée. Ses principes sur la religion ont eu leur application cette année, comme les années précédentes.

Il ne se borne pas à tolérer tous les cultes; il les honore, il les encourage.

Les religions chrétiennes, fondées sur la morale de l'évangile, sont toutes utiles à la société.

Les Luthériens du faubourg Saint-Antoine, dont le nombre s'élève à plus de six mille, n'avaient pas de temple, et, de temps immémorial, c'était dans la chapelle de Suède qu'ils exerçaient leur culte. Leur église a été reconnue, leurs ministres ont été nommés par l'EMPEREUR, et sont entretenus aux frais de l'État.

Une école de théologie calviniste a été établie à Montauban.

Quant à la religion qui est celle de l'EMPEREUR, de la famille impériale et de l'immense majorité des Français, elle a été, de la part du Gouvernement, l'objet des soins les plus assidus. De nouveaux séminaires ont été formés; dans tous, des bourses ont été créées pour la jeunesse qui se destine à l'état ecclésiastique; les édifices du culte ont été réparés; le nombre des succursales a été augmenté. Le trésor public, en se chargeant de la rétribution des desservans, les a honorablement soustraits à la dépendance des communes. Des secours ont été assurés, avec libéralité, aux curés et aux desservans à qui l'âge et les infirmités les rendraient nécessaires. Enfin SA MAJESTÉ a appelé plusieurs archevêques et évêques à siéger au Sénat et au Conseil de l'université. Elle se propose d'en appeler dans son Conseil d'état.

Sa

SA MAJESTÉ a eu des différens avec le souverain de Rome, comme souverain temporel. Constant dans ses résolutions, l'EMPEREUR a défendu les droits de ses couronnes et de ses peuples : il a fait ce qu'exigeait le grand système politique qui régénère l'Occident, mais sans toucher aux principes spirituels.

Personne n'ignore les maux que la souveraineté temporelle des papes a causés à la religion. Sans elle, la moitié de l'Europe ne serait pas séparée de l'église catholique.

Il n'y avait qu'un seul moyen de la soustraire à jamais à de si grands dangers, et de concilier les intérêts de l'État et ceux de la religion. Il fallait que le successeur de S. Pierre fût pasteur comme S. Pierre ; qu'uniquement occupé du salut des ames et des intérêts spirituels, il cessât d'être agité par des idées mondaines, par des prétentions de souveraineté, par des discussions de limites, de territoires, de provinces.

C'est donc un bienfait d'avoir séparé la religion de ce qui lui était étranger, et de l'avoir replacée dans son état de pureté évangélique.

Le concordat, qui a rétabli la religion en France, a été fidèlement exécuté ; l'EMPEREUR a même fait au-delà de ses engagemens : le Pape devait de son côté en observer les conditions.

Toutes les fois qu'il n'y avait aucun reproche personnel à faire aux archevêques et évêques nommés par l'EMPEREUR, il devait aussitôt leur donner l'institution canonique. Si cette condition n'était pas remplie, le concordat deviendrait nul, et nous nous trouverions replacés sous le même régime qu'avant le concordat de François I.er et de Léon X : ce régime était celui de la pragmatique sanction de S. Louis, tant regrettée par nos églises, par l'école de Paris et par les parlemens.

Des écrits incendiaires et des bulles inspirées par l'ignorance et le plus criminel oubli des principes de la religion, ont été colportés dans diverses parties de l'Empire. Par-tout ces productions ont été accueillies avec mépris et avec dédain. Les faits parlaient trop haut : trente millions de Français, dix-huit millions d'Italiens, et tant de peuples, des bords de la Vistule aux bords de l'Elbe et du Rhin, attestent les soins qu'a pris le Gouvernement français de protéger la religion de nos pères.

La prévoyance et la sagesse de nos ancêtres nous ont mis à l'abri des attentats des Grégoire VII et de ceux qui partageraient leurs funestes opinions. La Sorbonne, l'école de Paris, l'église gallicane, n'ont jamais reconnu aucun de ces principes monstrueux.

Les rois ne sont comptables qu'envers Dieu; et le pape, selon les principes de Jésus-Christ, doit, comme les autres, rendre à César ce qui appartient à César. La couronne temporelle et le sceptre des affaires du monde n'ont pas été mis dans ses mains par celui qui a voulu qu'il s'appelât *le serviteur des serviteurs de Dieu*, et qui lui recommande sans cesse la charité et l'humilité.

L'ignorance favorise le fanatisme; aussi SA MAJESTÉ a-t-elle ordonné que les principes de l'école de Paris et de la déclaration du clergé de 1682 fussent professés dans les séminaires; elle a voulu opposer l'influence d'une saine doctrine à cette tendance de la faiblesse de l'homme, qui le porte à faire tourner au profit des plus vils intérêts, les choses les plus sacrées.

SA MAJESTÉ a beaucoup fait pour la religion; son intention est de faire davantage encore; et à mesure que les trente millions de pensions ecclésiastiques s'éteindront, elle compte proposer l'emploi de ces extinctions à l'amélioration de l'église. Une seule obligation relative aux choses temporelles est imposée par le droit divin; c'est que les prêtres vivent de l'autel et soient environnés de la considération nécessaire à leur saint ministère.

GUERRE.

Pendant que l'EMPEREUR préparait ainsi toutes les améliorations que chaque année de son règne assure à la France ; pendant que l'exécution annuelle des lois sur la conscription maintenait sans difficultés, sans frottemens, les cadres de nos légions au complet, nos ennemis, qui sont les siens, allaient tenter des efforts gigantesques : mais nous vous l'avons déjà rappelé ; peu de jours après avoir ouvert votre session de 1808, l'EMPEREUR avait battu les armées espagnoles, était entré à Madrid, avait placé son frère sur le trône ; par une marche subite et savante, avait attiré l'armée anglaise, et la poursuivant sans lui laisser le temps de respirer, était arrivé sur la frontière de la Galice, après lui avoir fait un grand nombre de prisonniers, lui prenant ses hôpitaux, ses bagages, ses munitions. Il eût alors connaissance du traité par lequel la cour de Vienne s'était engagée à fournir cent mille fusils aux juntes insurgées. Il apprit en même temps que l'Autriche courait aux armes, et que ses armemens avaient déjà porté l'effroi dans les états de la confédération. Il suspendit aussitôt sa marche triomphante, laissa ses armées en Espagne, et crut que sa présence suffirait pour détruire ses ennemis.

Certes, SA MAJESTÉ n'a jamais donné à l'Europe une plus grande preuve de la force de son caractère et de la puissance de son génie. Quatre-vingts régimens de ces vieilles troupes qui avaient vaincu à Ulm, à Austerlitz, à Iéna, à Friedland, restèrent en Espagne, et il vint se placer à la tête de ses alliés et de ses nouvelles levées.

Vous vous souvenez, Messieurs, des inquiétudes que nous éprouvions alors, et qui se propagèrent à un tel point, que l'Europe crut un moment que cette nation si souvent vaincue, et qui devait son existence à la générosité de notre Souverain, allait conquérir nos alliés et entamer notre territoire. L'Empereur d'Autriche, avec une armée de cinq cent mille hommes, effort prodigieux et miracle du papier-monnaie, croyait marcher à une victoire certaine. La Bavière et l'Italie furent envahies sans déclaration de guerre; des hommes furent tués sans savoir qu'ils avaient des ennemis; conduite qui sera qualifiée avec une juste sévérité par l'histoire.

L'Empereur, parti de Paris le 13 avril, arriva le 18, sans gardes, sans équipages, sans chevaux; ses troupes, rassemblées à la hâte des différentes parties de l'Allemagne, étaient étonnées d'une agression imprévue et de cette nuée d'ennemis qui les environnaient de toute part; déjà Ratisbonne avait été pris avec un des beaux régimens de l'armée : mais un cri se fait tout-à-coup entendre; la nouvelle de l'arrivée de Sa Majesté, répétée par toutes les bouches, vole dans tous les rangs. L'Empereur, par ses manœuvres accoutumées, sépare deux corps de l'armée ennemie; le 20, les bat à Abensberg; le 21, marche sur Landshut, s'empare de la ville, du pont sur l'Iser, quartier-général et centre d'opérations de l'ennemi, coupe par-là les communications de l'armée ennemie, s'empare de ses bagages, de ses équipages de pont, de ses hôpitaux; le 22, marche sur Eckmühl, tourne la gauche de l'armée du prince *Charles*, réduite à quatre corps par la séparation des deux autres, la met en entière déroute, prend trente mille hommes et cent pièces de canon, et le soir même couche dans la plaine de Ratisbonne, dans le quartier-général du prince *Charles;* le 23, poursuit l'ennemi l'épée dans les reins, détruit la cavalerie autrichienne et s'empare de Ratisbonne et des douze mille hommes que l'ennemi y avait laissés.

Frappée en quarante-huit heures comme par la foudre, l'armée autrichienne a déjà vu son sort décidé. De six corps, forts de plus de quarante mille hommes chacun, qui la composaient, cinq sont déjà battus, réduits à moitié et séparés les uns des autres. Les débris de quatre corps d'armée sont jetés sur le Danube; les deux autres sont jetés sur l'Inn, sans ponts, sans magasins, sans hôpitaux. Le bruit de ces désastres parvient bientôt au souverain de l'Autriche; et en moins de deux jours, la plus profonde consternation succède à la présomption la plus folle.

Cependant le 8.e et le 9.e corps, qui formaient l'armée autrichienne d'Italie, avaient surpris nos troupes, qui étaient loin de s'attendre à tant de déloyauté, avaient bloqué Palma-Nova et Venise, et se trouvaient, le 28 avril, sur l'Adige.

Le plan de l'EMPEREUR ne fut pas douteux. Après avoir défait la grande armée du prince *Charles*, et jeté quatre de ces corps sur la Bohême, il s'attacha à suivre les deux corps qui se retiraient sur l'Inn; il marcha sur Salzbourg, sur Lintz, sur la Haute-Autriche et la Styrie, pour tourner l'armée autrichienne d'Italie, secourir la sienne et ses États d'Italie, qui sont si chers à son cœur.

A peine un mois s'était écoulé depuis l'injuste agression de l'armée autrichienne, que Vienne bombardée est obligée d'ouvrir ses portes et de se courber devant nos armées triomphantes.

L'armée autrichienne d'Italie s'aperçut bientôt que ses flancs étaient à découvert, et sentit la nécessité de battre en retraite: le vice-roi, vainqueur sur la Piave, sur les Alpes Noriques, dans la Carniole, parvint sur les confins de la Styrie, et fit sa jonction avec la grande-armée. Peu de temps après, il battit l'ennemi dans l'intérieur de la Hongrie. La bataille de Raab célébra l'anniversaire mémorable de Marengo et de Friedland; ce qui donna lieu à l'EMPEREUR d'écrire à son fils d'adoption: *Votre victoire est une petite-fille de Marengo.*

Les débris des différens corps ennemis n'auraient pu se rallier, et auraient été pris et désarmés, si, par un événement fortuit, le débordement du Danube n'eût arrêté l'armée française. Le génie de la guerre, les efforts de l'art, vainquirent ces obstacles imprévus. Il faut, dans le métier des armes, réunir tour-à-tour le courage et la force du lion, à la ruse et à la prudence du renard.

Enfin la bataille de Wagram, suivie de l'armistice de Znaïm, fit tomber les armes des mains de nos ennemis. Il ne leur resta d'espoir que dans la générosité du vainqueur, qu'ils avaient si souvent méconnue.

Par la paix de Vienne, la France et tous ses alliés ont acquis des avantages considérables, et le continent a été de nouveau pacifié. Espérons que cette paix sera plus longue que celle de Presbourg, et que les hommes qui trompèrent le cabinet autrichien après la paix de Presbourg, ne parviendront pas à le tromper après celle de Vienne. Ils prononceraient la ruine de leur maître; car la France, grande, puissante et forte, se trouvera toujours hors de l'atteinte des combinaisons et de l'intrigue de ses ennemis.

Cependant l'Angleterre, voyant nos armées occupées en Allemagne, et toujours mal informée, malgré les énormes dépenses qu'elle consacre à l'espionnage, se persuadait que nos vieilles bandes avaient quitté l'Espagne, et que l'armée française, affaiblie, ne pourrait résister à ses efforts. Quarante mille hommes débarquèrent en Portugal, s'unirent aux troupes insurgées, et se flattèrent de parvenir jusqu'à Madrid : ils ne recueillirent que la honte de leur entreprise; ils rencontrèrent par-tout des armées, là où ils s'attendaient à ne trouver que des divisions.

Quarante mille hommes débarquèrent en même temps à Walcheren; et en quinze jours, sans avoir commencé le siége, et par l'effet d'un seul bombardement, ils s'emparèrent de la place de Flessingue, il faut le dire, lâchement défendue. SA MAJESTÉ s'est fait rendre compte de cet événement. L'EMPEREUR récompense avec générosité ceux qui, animés de son esprit et de ce qu'exige l'honneur de la France, sont fidèles à la gloire et à la patrie ; il punira ceux qui calculent le péril quand il faut vaincre, et préfèrent la honte de la fuite à une mort glorieuse.

Cependant, tous les départemens se levèrent ; cent cinquante mille hommes de gardes nationales se mirent en mouvement, tandis que vingt-cinq mille hommes de troupes tirées des dépôts se réunissaient en Flandre, et que la gendarmerie fournissait huit mille hommes de cavalerie d'élite. Le général anglais, en homme sage et prudent, ne voulut pas compromettre plus long-temps son armée dans un pays et dans une saison où elle était exposée à des dangers plus funestes que la peste ; il retourna en Angleterre. L'Angleterre a consommé des trésors considérables ; elle a perdu l'élite de son armée ; elle a révélé à son peuple le secret des sentimens qui attachent les Français au Gouvernement et à l'EMPEREUR. Voilà les seuls fruits de sa folle entreprise. Parmi les départemens de l'ancienne France, ceux du Pas-de-Calais et du Nord, et parmi les nouveaux départemens, celui de la Lys, se sont distingués. Tous en auraient fait autant s'ils s'étaient trouvés dans la même position. Quelques contrées du département de la Sarre ont seules montré un mauvais esprit : au lieu de voler à la défense de la patrie, elles se sont insurgées. SA MAJESTÉ a ordonné que des commissions militaires feraient justice de ces mauvais citoyens. Un conseiller d'état est envoyé pour faire des enquêtes. Les communes et les particuliers qui se sont mal conduits, seront privés pendant vingt-cinq ans de leurs droits de citoyens, et soumis à une double contribution. Sur leurs portes seront écrits ces mots : *Cette commune n'est pas française*. Par contre, SA MAJESTÉ a ordonné qu'il lui fût soumis des projets de monumens pour éterniser à Arras, à Bruges, à Lille, le sentiment de sa satisfaction.

Mais la grande influence des événemens de 1809 sur la face du monde, appelle tous nos regards.

POLITIQUE.

Le duché de Varsovie s'est agrandi d'une portion de la Gallicie. Il eût été facile à l'EMPEREUR de réunir à cet État la Gallicie toute entière; mais il n'a rien voulu faire qui pût donner de l'inquiétude à son allié l'Empereur de Russie. La Gallicie de l'ancien partage, presque toute entière, est restée au pouvoir de l'Autriche. SA MAJESTÉ n'a jamais eu en vue le rétablissement de la Pologne. Ce que l'EMPEREUR a fait pour la nouvelle Gallicie lui a été commandé moins par la politique que par l'honneur : il ne pouvait abandonner à la vengeance d'un prince implacable, les peuples qui s'étaient montrés avec tant d'ardeur pour la cause de la France.

Un jeune prince autrichien, le même qui commandait à Ulm en 1805, aussi arrogant qu'ignorant dans l'art de la guerre, n'a su, avec quarante mille hommes, que se faire battre par le prince Joseph Poniatowski, qui en commandait treize mille. Par l'effet des mauvaises combinaisons de son général, la maison d'Autriche perdit la Gallicie occidentale, dont les habitans secouèrent avec enthousiasme le joug de plomb qui pesait sur eux. Ce fut un devoir pour l'EMPEREUR de ne pas les y soumettre de nouveau. SA MAJESTÉ desire que, sous le sage Gouvernement du roi de Saxe, les habitans du grand-duché de Varsovie assurent leur tranquillité et jouissent de

leur

leur heureuse situation actuelle, sans donner d'inquiétude à leurs voisins.

Les rois de Bavière, de Westphalie, de Wurtemberg, et les autres princes de la Confédération, obtiendront tous un accroissement de territoire. Il eût sans doute été facile à la France d'étendre ses limites au-delà du Rhin; mais ce fleuve est la borne invariable des États immédiats de son Empire.

Les villes Anséatiques conserveront leur indépendance. Elles seront comme un moyen de représailles de guerre, à l'égard de l'Angleterre.

La paix avec la Suède sera incessamment conclue.

Rien ne sera changé dans les relations politiques de la Confédération du Rhin et de la Confédération helvétique.

Pour la première fois, depuis les Romains, l'Italie toute entière sera soumise au même système. La réunion des États de Rome était nécessaire à ce grand résultat. Ils coupent la presqu'île de la Méditerranée à la mer Adriatique, et l'histoire a prouvé de quelle importance était une communication immédiate entre l'Italie supérieure et le royaume de Naples. Il y a trois siècles que, pendant que Charles VIII faisait la conquête de ce royaume, le pape, changeant tout-à-coup de sentiment, forma contre lui une ligue formidable. La retraite du roi se trouva coupée, et il ne revint en France qu'en marchant sur le corps des confédérés, à la tête desquels était le pape, à Fornoue. Mais pourquoi chercher des exemples dans l'histoire de Charles VIII, de Louis XII, de François I.er ? N'a-t-on pas vu de nos jours le pape accueillir, dans sa capitale et dans ses ports, les Anglais, qui, de cet asile, agitaient le royaume de Naples et le royaume d'Italie, distribuaient de l'argent et des poignards aux assassins qui égorgeaient nos soldats dans les vallées des Calabres ? L'Empereur a demandé que le pape fermât ses ports aux Anglais ; croirait-on que le pape ait rejeté cette demande ! Il lui a proposé de former une ligue offensive et défensive avec le royaume de Naples et le royaume d'Italie, le pape a repoussé cette proposition. Il n'est pas une circonstance, depuis la paix de Presbourg, où la cour de Rome n'ait manifesté sa haine contre la France. Toute puissance qui devient prépondérante en Italie est aussitôt son ennemie. Ainsi, avant la bataille d'Austerlitz, avant celle de Friedland, l'Empereur reçut de Rome des brefs pleins d'acrimonie. On vit ensuite le pape se plaindre des principes de tolérance consacrés par le Code Napoléon ; on le vit s'élever contre les lois organiques qui régissent l'intérieur de l'Empire, et dont il n'avait, à aucun titre, le droit de se mêler. On le vit jeter des brandons dans nos provinces ; il s'essayait ainsi à diviser, à ébranler le grand Empire, et l'on ne peut douter de ce qu'il aurait fait, si quelque bataille importante avait été perdue. La cour de Rome a trop dévoilé ses sentimens secrets ; elle n'a pu méconnaître les services rendus par l'Empereur à la religion ; mais ce motif de reconnaissance, qui devait être si puissant pour le chef de l'Église, ne pouvait rien sur la haine du souverain temporel.

Convaincu de ces vérités, consacrées par l'histoire de tous les temps et par notre propre expérience, l'Empereur n'avait à choisir qu'entre deux partis : ou créer un patriarche, et séparer la France de toute relation avec une puissance ennemie qui cherchait à lui nuire, ou détruire une souveraineté temporelle, seule source de la haine de la cour de Rome pour la France. Le premier parti aurait entraîné des discussions dangereuses, et jeté l'alarme dans quelques consciences ; l'Empereur l'a repoussé : le second était l'exercice des droits qui sont inhérens à sa couronne impériale, et dont l'Empereur ne doit compte à personne ; l'EMPEREUR l'a adopté : les papes, ni aucuns prêtres dans l'Empire ne doivent avoir de souveraineté temporelle. Jamais l'EMPEREUR ne reconnaîtra le droit de la triple couronne ; il ne reconnaît que la mission spirituelle donnée aux pasteurs de l'Église, par Jésus-Christ, et que St Pierre et ses plus pieux successeurs ont si purement et si saintement remplie, au grand avantage de la religion.

Le royaume de Naples, durant cette année, a pris une nouvelle consistance. Le roi a porté un soin particulier à l'organisation de ses États. Il a rétabli l'ordre dans toutes les parties de l'administration ; il a réprimé le brigandage ; et ses peuples, depuis la première jusqu'à la dernière classe, ont montré des sentimens qui font à-la-fois leur éloge et celui de leur souverain. Le clergé de Naples, composé, comme celui de France, d'hommes éclairés, a mérité l'estime de l'EMPEREUR. Un seul ecclésiastique, l'archevêque de Naples, a refusé le serment qu'il devait au souverain. En vain les théologiens se sont efforcés de le convaincre, il a persisté dans son erreur. Sa crasse ignorance fait la satire de ceux qui l'avaient élevé à un poste aussi éminent.

La Hollande n'est réellement qu'une portion de la France. Ce pays peut se définir, en disant qu'il est l'alluvion du Rhin, de la Meuse et de l'Escaut, c'est-à-dire, des grandes artères de l'Empire. La nullité de ses douanes, les dispositions de ses agens, et l'esprit de ses habitans, qui tend sans cesse à un commerce frauduleux avec l'Angleterre, tout a fait un devoir de lui interdire le commerce du Rhin et du Weser. Froissée ainsi entre la France et l'Angleterre, la Hollande est privée et des avantages contraires à notre système général, auxquels elle doit renoncer, et de ceux dont elle pourrait jouir ; il est temps que tout cela rentre dans l'ordre naturel. SA MAJESTÉ a voulu assurer aussi d'une manière éclatante les avantages de l'acte de la Confédération helvétique, en joignant à ses titres celui de *Médiateur de la Suisse*. C'est assez dire aux Suisses que le bonheur sera perdu pour eux, le jour où ils toucheront à ce palladium de leur indépendance. Le pont de Bâle a donné des occasions fréquentes aux troupes françaises de violer le territoire helvétique; il leur était nécessaire pour le passage du Rhin. SA MAJESTÉ vient d'ordonner qu'il fût construit un pont permanent à Huningue.

Les provinces Illyriennes couvrent l'Italie, lui donnent une communication directe avec la Dalmatie, nous procurent un point de contact immédiat avec l'Empire de Constantinople, que la France, par tant de raisons et d'anciens intérêts, doit vouloir maintenir et protéger.

Les Espagnes et le Portugal sont le théâtre d'une révolution furibonde : les nombreux agens de l'Angleterre attisent et entretiennent l'incendie qu'ils ont allumé. La force, la puissance et la modération calme de l'EMPEREUR, leur rendront des jours de paix. Si l'Espagne perd ses colonies, elle l'aura voulu. L'EMPEREUR ne s'opposera jamais à l'indépendance des nations continentales de l'Amérique : cette indépendance est dans l'ordre nécessaire des événemens; elle est dans la justice, elle est dans l'intérêt bien entendu de toutes les puissances. C'est la France qui a établi l'indépendance des États-Unis de l'Amérique septentrionale; c'est elle qui a contribué à les accroître de plusieurs provinces : elle sera toujours prête à défendre son ouvrage. Sa puissance ne dépend point du monopole; elle n'a point d'intérêt contraire à la justice : rien de ce qui peut contribuer au bonheur de l'Amérique, ne s'oppose à la prospérité de la France, qui sera toujours assez riche, lorsqu'elle se verra traitée avec égalité chez toutes les nations et dans tous les marchés de l'Europe. Soit que les peuples du Mexique et du Pérou veuillent être unis à la métropole, soit qu'ils veuillent s'élever à la hauteur d'une noble indépendance, la France ne s'y opposera pas; pourvu que ces peuples ne prennent aucun lien avec l'Angleterre: Pour sa prospérité et son commerce, la France n'a besoin ni de vexer ses voisins, ni de leur imposer des lois tyranniques.

Nous avons perdu la colonie de la Martinique et celle de Caïenne ; l'une et l'autre ont été mal défendues. Les circonstances qui nous les ont enlevées sont l'objet d'une sévère enquête. Ce n'est pas que leur perte soit de quelque poids dans la balance des affaires générales ; car elles nous seront restituées, à la paix, plus florissantes qu'au moment où elles nous ont été ravies.

Enfin la paix a ramené l'EMPEREUR au milieu de nous ; tous les corps de l'État ont porté leurs hommages au pied de son trône : ses réponses sont gravées dans vos cœurs. Le monarque qui excite le plus l'admiration et l'enthousiasme, est aussi celui qui est digne de plus d'amour. Il nous l'a dit : il place dans celui qu'il inspire, toutes ses espérances de bonheur. Français, il a donc pu se tromper une fois, lorsqu'il a ajouté que d'autres princes avaient été plus heureux que lui.

FIN.

IMPRIMÉ

Par les soins de J. J. MARCEL, Directeur de l'Imprimerie impériale, Membre de la Légion d'honneur.

www.ingramcontent.com/pod-product-compliance
Lightning Source LLC
Chambersburg PA
CBHW060557050426
42451CB00011B/1950